Ich zeig dir, wie es FRÜHER war

Wie Kinder zu anderen Zeiten lebten

NICOLA EDWARDS ALEJANDRA RUIZ

Für die wunderbare Frida.
Die Zukunft gehört dir.
– N E

Für meine Eltern, die mich lehrten,
wie wichtig es ist, neugierig zu bleiben.
– A R

FSC www.fsc.org MIX Papier | Fördert gute Waldnutzung FSC® C017606

Penguin Random House Verlagsgruppe
FSC® N001967

1. Auflage 2024

Erscheint 2025 bei LITTLE TIGER,
An imprint of Little Tiger Press Limited,
1 Coda Studios, 189 Munster Road, London SW6 6AW
Imported into the EEA by Penguin Random House Ireland,
Morrison Chambers, 32 Nassau Street, Dublin D02 YH68
Text: Nicola Edwards © Little Tiger Press Limited
Illustrationen: © Alejandra Ruiz
Umschlaggestaltung: Geviert GbR, Grafik & Typografie
Umschlagillustration: Alejandra Ruiz
ck · Herstellung: UK
Satz: Lorenz+Zeller GmbH, Inning a. A.
Druck: Hung Hing Offset Printing Co. Ltd., Shenzhen
CPB/2800/2559/0624
ISBN 978-3-328-30329-9
Printed in China
www.penguin-junior.de

NICOLA EDWARDS ALEJANDRA RUIZ

Ich zeig dir, wie es FRÜHER war

Wie Kinder zu anderen Zeiten lebten

Aus dem Englischen von Karlheinz Dürr

PENGUIN JUNIOR

INHALT

Kinder leben überall auf der Welt ganz unterschiedlich. Bevor wir durch Reisen, Fernsehen und Internet so vernetzt wurden wie heute, waren die Unterschiede zwischen Ländern und Kulturen sogar noch viel größer!

Die Geschichte zeichnet auf, was früher geschah. Trotzdem wissen wir über manche Kulturen besser Bescheid als über andere, weil nicht überall gleich viel aufgeschrieben wurde und weil die Berichte einseitig sein können.

Aber eins ist über alle Kulturen hinweg gleich: Über das Leben der Erwachsenen ist viel mehr bekannt als über das Leben der Kinder – auch, weil früher das Leben der Kinder für weniger wichtig gehalten wurde als das der Großen.

Heute wissen wir es hoffentlich besser. Wenn du dieses Buch liest, wirst du sehen, dass Kinder schon immer aufgeweckt, mutig, kreativ und mächtig gewesen sind, egal, ob den Erwachsenen es gefiel oder nicht!

Kinder waren früher und sind auch heute Beschützer, Erfinder, Kämpfer, Herrscher, Jäger und noch viel, viel mehr und haben großen Einfluss auf unser Zusammenleben.

Lasst uns gemeinsam zu einer Reise in die Vergangenheit aufbrechen und erkunden, wie Kinder früher lebten – vom Frühstück bis zum Zubettgehen, vom Spiel bis zur Arbeit ...

Unser Zuhause kann ganz unterschiedlich sein!

Kinder zu HAUSE

Wie Kinder FRÜHER wohnten

Japanische Kaufleute und Handwerker wohnen seit Jahrhunderten in traditionellen Stadthäusern aus Holz *(Machiya)*.

Zur Straße hin gibt es ein verschließbares Schaufenster, in dem die Verkaufswaren ausgestellt werden, und im Innern kann man die Wände durch Schiebe- und Falttüren verändern.

In **Schibam** (Jemen) wurden im 16. Jahrhundert Wohnhochhäuser aus Lehm gebaut, um die Bewohner vor feindlichen Überfällen zu schützen.

Seit dem 17. Jahrhundert lebte die **indigene** Bevölkerung in Nordamerika in *Tipis* – Zelte aus Büffelleder, das über ein Gestell aus Holzstangen gespannt wird.

Während der letzten **Eiszeit** waren die Menschen Jäger und Sammler und bauten ihre Wohnungen aus Mammutknochen und Fellen.

Seit tausend Jahren stellen die **Samen** in Nordskandinavien ihre runden Zelte *(lávvu)* immer wieder neu auf, wenn sie ihren wandernden Rentierherden hinterherziehen.

Etwa ab Mitte des 19. Jahrhunderts lebten viele britische **Roma**-Familien in bunt bemalten *vardo*-Wägen, die von Pferden gezogen wurden.

Die Häuser wohlhabender **Römer** hatten einen großen Innenhof *(peristyl)* mit kunstvollen Säulen und Brunnen.

Die nomadischen **Beduinen** in Arabien, im Nahen Osten und in Nordafrika lebten in Zelten aus Ziegenhaar. Der leichte Stoff schützte sie vor der Wüstensonne und vor Sandstürmen.

Eine *Palloza* ist ein rundes, strohgedecktes Haus, in dem schon vor 2000 Jahren die **Keltiberer** in Spanien lebten.

Im Innern brannte ein Feuer und es gab getrennte Bereiche für die Familie und die Tiere.

DERINKUYU: die verborgene Stadt

Die verborgene Stadt liegt in Kappadokien in der Türkei. Ihre 8 Tunnelebenen reichen bis 55 Meter tief unter die Erde und erstrecken sich über Hunderte Kilometer. Bis zu 20 000 Menschen konnten hier monatelang leben.

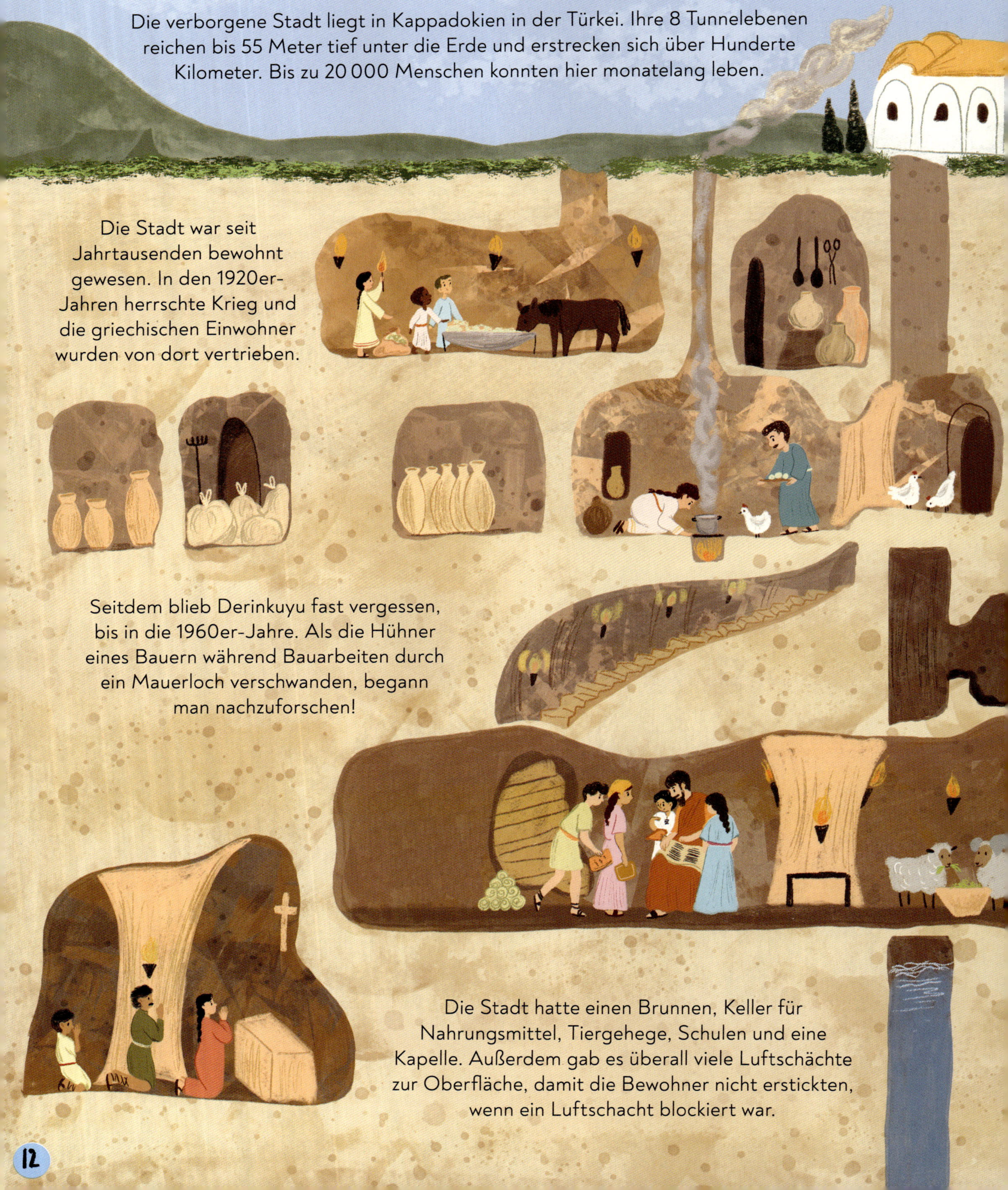

Die Stadt war seit Jahrtausenden bewohnt gewesen. In den 1920er-Jahren herrschte Krieg und die griechischen Einwohner wurden von dort vertrieben.

Seitdem blieb Derinkuyu fast vergessen, bis in die 1960er-Jahre. Als die Hühner eines Bauern während Bauarbeiten durch ein Mauerloch verschwanden, begann man nachzuforschen!

Die Stadt hatte einen Brunnen, Keller für Nahrungsmittel, Tiergehege, Schulen und eine Kapelle. Außerdem gab es überall viele Luftschächte zur Oberfläche, damit die Bewohner nicht erstickten, wenn ein Luftschacht blockiert war.

Möglicherweise ist Derinkuyu mit weiteren 50 kleinen Untergrundstädten in der Umgebung verbunden (manche erstrecken sich sogar noch tiefer in die Erde!).

Was meinst du: Hättest du es in Derinkuyu gut aushalten können?

Du hättest alles bei Fackellicht tun und dein Kacka in einen Tontopf machen müssen. Und du hättest ohne frische Luft mit ziemlich stinkigen Tieren zusammenleben müssen!

SÜSSES

Sogar in den Pyramiden hat man Nahrung gefunden, die Honig und Nüsse enthielt. Vielleicht aßen die alten Ägypter manchmal auch Müsliriegel?

Die Lust auf Süßes ist nichts Neues. Schon auf 10 000 Jahre alten Höhlenmalereien sieht man Menschen, die in Bienennestern nach **HONIG** suchen und sich dafür sogar stechen lassen!

NGALAKH ist ein traditionelles Dessert im Senegal. Es wird aus Hirsegrieß mit Erdnussbuttersoße oder Baobabfruchtcreme zubereitet.

Schon 2000 v. Chr. wurden in Indien Texte verfasst, in denen milchhaltige, zuckrige **SÜSSIGKEITEN** beschrieben wurden.

Von **SÜSS** bis **SAUER!** Kühlschränke wurden seit den 1930er-Jahren immer beliebter, waren aber damals ein teurer Luxus. Deshalb legten die Bauern in **RUSSLAND** und **FINNLAND** einen Frosch in den Milcheimer, damit die Milch länger frisch blieb. Wie das? Heute weiß man, dass manche Frösche chemische Stoffe ausscheiden, die gegen Bakterien wirken.

LEBEN

Die brasilianischen **BRIGADEIRO** (Schokobonbons) sind seit den 1940er-Jahren sehr beliebt. Sie werden aus Kondensmilch, Kakaopulver und Butter zu Bällchen geformt und in Schokostreuseln gerollt.

NUTELLA wurde 1946 von einem italienischen Koch erfunden. Weil Schokolade kurz nach dem Krieg knapp war, streckte er sie mit Haselnusspaste!

BAKLAVA kennt man in der Türkei seit vielen Jahrhunderten. Das Gebäck wird mit gehackten Nüssen, Mandeln oder Pistazien gefüllt und in Sirup eingelegt.

POPCORN genossen die Peruaner schon vor 6700 Jahren, wahrscheinlich wurde es direkt über einem Feuer geröstet.

Das rohe Fleisch von **GRÖNLANDHAIEN** ist giftig. Die Wikinger fermentierten es deshalb in Erdlöchern und trockneten es, bevor sie es aßen. Das fermentierte Haifischfleisch heißt *Hákarl* und ist eine isländische Spezialität. Sie riecht sehr stark nach Pipi!

GESUND und SAUBER

Vor dem Jahr 1780 putzten viele **Europäer** die Zähne mit Stofflappen, die mit Salz oder Ruß eingerieben worden waren. Du kannst dir ja denken, dass das nicht sehr viel nützte!

Während der chinesischen **Tang-Dynastie** (618–907) befestigte man Schweineborsten an einem Stiel aus Knochen oder Bambus – eine frühe Form der Zahnbürste.

Die älteste „Zahnbürste“ ist ein Hölzchen, mit dem man in **Babylonien** schon vor 3500 Jahren die Zähne reinigte.

1935 war es schon ein großer Fortschritt, wenn das Toilettenpapier keine Holzsplitter enthielt. (Hier eine Werbung aus den USA.) Heute ist unser Papier zum Glück viel weicher.

Im 19. Jahrhundert wurde der Katalog der US-Warenhauskette Sears gern als Toilettenpapier benutzt. Aber als die Kataloge in den 1930er-Jahren auf Glanzpapier gedruckt wurden, klappte das nicht mehr so gut!

Europäische Siedler in **Nordamerika** benutzten abgeschabte Maiskolben, um sich den Popo abzuwischen.

Im 8. Jahrhundert verwendeten die **Japaner** lange Holzstäbe, die *chūgi* genannt wurden, um sich abzuwischen.

Die **Alten Römer** reinigten sich in öffentlichen Bädern. Sie rieben sich mit Öl ein und schabten dann Öl und Schmutz mit einem Eisenwerkzeug ab, das *strigilis* genannt wurde.

Die **Alten Ägypter** legten großen Wert auf Sauberkeit. Deshalb badeten die meisten Menschen im Nil.

Die **Alten Griechen** erfanden die Dusche, aber die ersten Duschen waren sehr einfach: Die Diener gossen Wasser durch ein Loch in der Wand!

Der Palast von Versailles sah zu Zeiten Ludwigs XIV. luxuriös aus, aber es stank fürchterlich darin. Die Leute pissten in die Kapelle oder kackten auf die Treppen! Der **Sonnenkönig** selbst soll nur zweimal in seinem Leben gebadet haben.

Der *hammām* ist ein öffentliches Bad und seit Jahrhunderten ein fester Bestandteil des Lebens in der **Türkei**.

Im **mittelalterlichen Europa** badeten die Reichen in Zubern mit Kräuterwasser. Aber als die Pest kam, dachte man, heißes Wasser würde Krankheiten verbreiten.

Seife wurde in **Mesopotamien** vor 5000 Jahren für das Wäschewaschen benutzt, nicht für die Hände – „unsichtbare" Keime wurden erst um 1860 entdeckt.

Ab ins BETT!

Wiegenlieder für Kinder waren nicht immer nett …

Das mittelalterliche **norwegische** Schlaflied „Kråkevisa“ handelt von einem Bauern, der eine Krähe abschießt.

Das **brasilianische** Wiegenlied „Nana Nenê“ handelt von einer sagenhaften Krokodilgestalt, die Kinder auffrisst. Träume süß!

Ein 2000 Jahre altes **babylonisches** Wiegenlied mahnt die Kinder, den „Hausgott“ bloß nicht aufzuwecken – sonst gibt’s was!

Kinder hatten fast durch die gesamte Geschichte kein eigenes Zimmer. Viele Familien schliefen in einem Raum, oft sogar in einem Bett.

Die **indigene Bevölkerung** Nordamerikas nutzte schön verzierte Tragegestelle für Babys ungefähr seit dem 17. Jahrhundert.

Bei Stämmen wie den Navajos, Hopi und Apachen gehört das zur Tradition.

In der 6000 Jahre alten **Steinzeit**-Siedlung Skara Brae auf den Orkney-Inseln schichteten die Menschen Steine zu Schlafplattformen auf und legten Felle darauf.

Im Grab des **ägyptischen** Pharaos Tutanchamun fand man ein klappbares Feldbett und ein vergoldetes Bettgestell mit Seitenteilen in Form von Rindern. Sie sollten den Pharao ins Jenseits tragen.

Matratzen gibt es schon seit ungefähr 77 000 Jahren! Es gibt Hinweise, dass die Steinzeitmenschen in **südafrikanischen** Höhlen auf handgeflochtenen Matratzen schliefen.

Unsere besten FREUNDE!

Während der **Ming**- und **Qing**-Dynastien in **China** trugen die kaiserlichen Hunde maßgeschneiderte Roben und hatten ihre eigenen Diener!

Als die Schauspielerin **Melanie Griffith** noch ein Teenager war, hielt ihre Familie einen Löwen als Haustier. Er hieß Neil und schlief sogar mit Melanie in einem Bett!

Königin **Elizabeth II.** hielt sich in ihrer Kindheit ein Chamäleon als Haustier.

Als ihr geliebter Freund starb, wurde er in einem schicken Eidechsensarg königlich bestattet.

Das Volk der **Yao** in **Mosambik** lässt sich von einer Vogelart namens „Honiganzeiger" zu Bienennestern leiten, um Honig zu ernten. Die Vögel finden fast immer ein Bienennest!

Im 19. Jahrhundert hielten manche **vietnamesischen** Familien Krähen als Wächter, weil sie Menschengesichter voneinander unterscheiden können.

Im Westen der **Mongolei** erlernen Jugendliche seit Jahrtausenden die Beizjagd mit Steinadlern. Die Adlerjäger werden *Berkutschi* genannt.

Die **Alten Römer** hielten Vögel, darunter Papageien, Nachtigallen und Stare. Und sie ließen ihre Häuser von Hunden bewachen.

Die Dorfbewohner von Bazoule in **Burkina Faso** sollen schon seit dem 15. Jahrhundert eine besondere Beziehung zu Krokodilen pflegen.

Diese uralte Tierart gilt dort als heilig. Die Kinder schwimmen mit den Krokos und reiten sogar auf ihnen!

Früher war es nicht so üblich wie heute, dass Mädchen zur Schule gehen.

Kinder in der SCHULE

LESEN und SCHREIBEN

Hieroglyphen

Die alten Ägypter benutzten ein Schriftsystem, das Hieroglyphen genannt wird. Sie wurden in Mauern und Wände wichtiger Bauwerke gemeißelt. Hieroglyphen können sowohl Wörter als auch Laute darstellen.

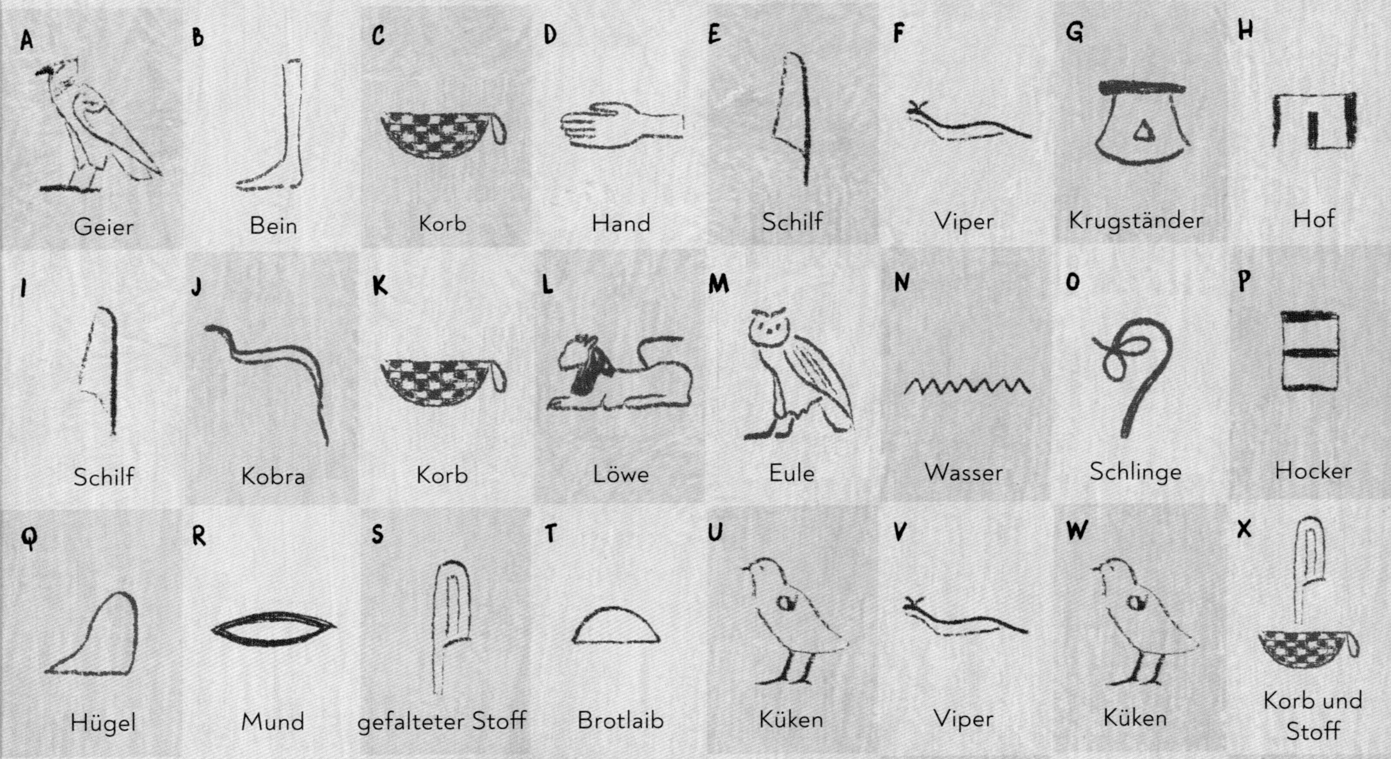

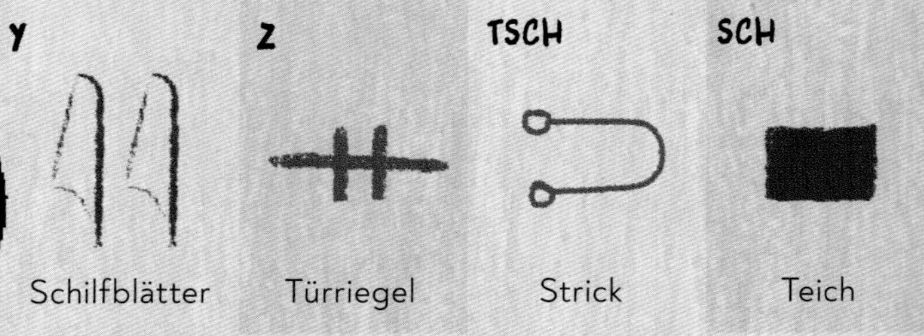

Man nimmt an, dass nur Kinder, die zu Priestern erzogen wurden, die klassischen Hieroglyphen erlernten.

Kinder aus dem Königshaus erlernten die hieratische Schrift, eine einfache Form von Hieroglyphen.

Kannst du deinen Namen in Hieroglyphen schreiben?

Amerikanische Ureinwohner verwendeten **Petroglyphen**.
Sie ritzten die Petroglyphen in Felswände ein. Manche Zeichen in Nevada sollen über 14 000 Jahre alt sein!

Die Paiute nennen die Petroglyphen *tumpituxwinap* (Felsgeschichten). Sie sind Botschaften, die das alte Wissen für zukünftige Generationen aufzeichnen sollten.

Mit welchen Symbolen würdest du Kindern in der fernen Zukunft etwas über dich mitteilen?

Adschami (Ajami) wiederentdeckt!
1996 wurde in Afrika ein Schriftsystem wiederentdeckt, das viele Hundert Jahre alt ist.

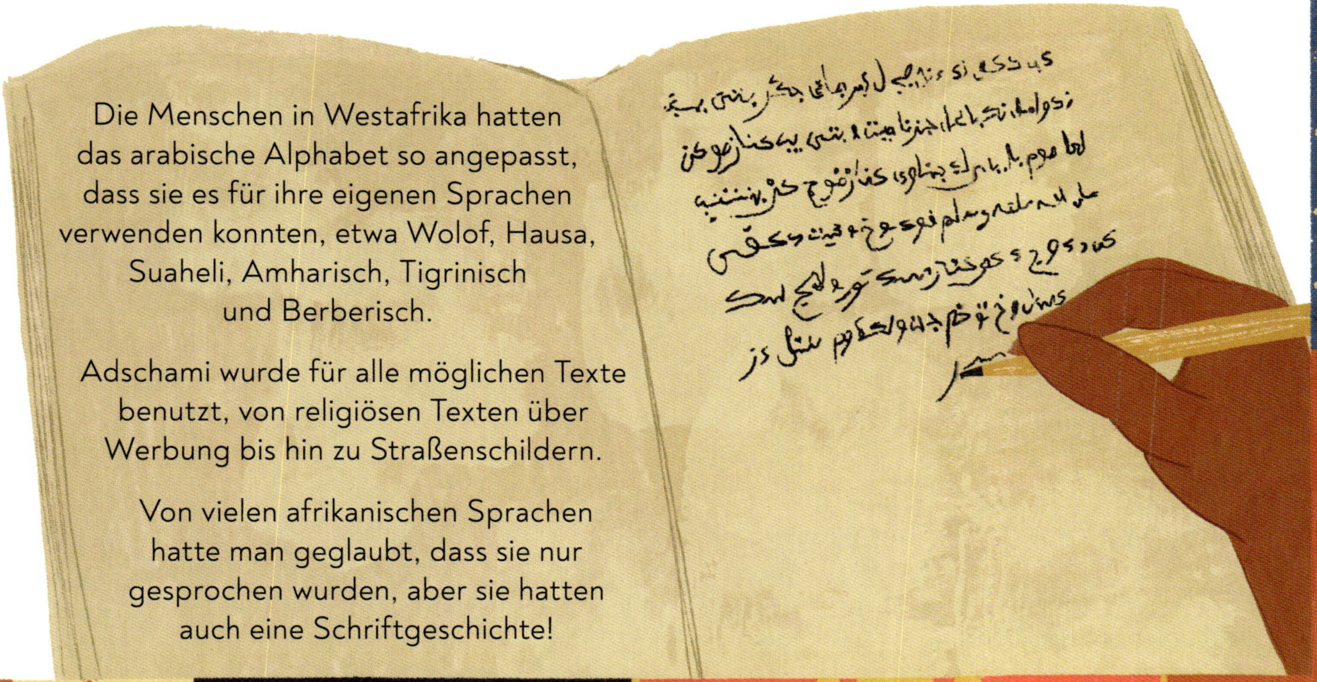

Die Menschen in Westafrika hatten das arabische Alphabet so angepasst, dass sie es für ihre eigenen Sprachen verwenden konnten, etwa Wolof, Hausa, Suaheli, Amharisch, Tigrinisch und Berberisch.

Adschami wurde für alle möglichen Texte benutzt, von religiösen Texten über Werbung bis hin zu Straßenschildern.

Von vielen afrikanischen Sprachen hatte man geglaubt, dass sie nur gesprochen wurden, aber sie hatten auch eine Schriftgeschichte!

Mannaz (Mensch, Mann)

Die Rune steht für Menschheit, Freunde, die eigene Person.

Gebo (Gabe)

Die Rune kann beides bedeuten – Geschenk und Begabung.

RUNEN

Die germanischen Stämme Nordeuropas schufen ungefähr um 50 n. Chr. das Schriftsystem der Runen. Die Zeichen wurden in Holz, später auch in Steine (die sogenannten Runensteine) geritzt. Sie konnten einen Laut bedeuten, aber auch einen Begriff, nach dem sie benannt waren.

Berkanan (Birkenzweig)

Das ist das Symbol für Geburt, Fruchtbarkeit, Wachstum und Neubeginn.

Wunjo (Wonne)

Diese Rune bedeutet Hoffnung, Harmonie und Freundschaft.

Die Maya

Die Maya verwendeten für Zahlen zwei verschiedene Systeme: eines speziell für Priester und eines für alle anderen.

Nach dem Zahlsystem der Priester war jeder Tag des Jahres (nach dem Mayakalender waren es 360 Tage) ein Gott, deshalb zeichneten die Priester ihre Ziffern als Köpfe von Göttern.

Kannst du deinen Geburtstag in Maya-Ziffern aufschreiben?

Im KLASSEN-ZIMMER

Im **England** des 16. Jahrhunderts dauerte der Schulunterricht oft von 7 Uhr früh bis 6 Uhr abends – an sechs Wochentagen und dem halben Sonntag! Im ganzen Jahr gab es nur sechs Wochen Ferien.

Im 19. Jahrhundert wurden die Kinder im „Wilden Westen“ in einem einzigen Klassenzimmer von einem einzigen Lehrer unterrichtet, egal, wie alt sie waren.

Die Kinder des Andoque-Volks im kolumbianischen Amazonasgebiet lernen seit Jahrhunderten traditionelle Arbeiten wie Fischen, auf dem Fluss zu fahren und Nahrung zu sammeln.

Im 16. Jahrhundert lernten adlige Inka-Kinder in **Südamerika**, mit Knotenschnüren (*Quipu* genannt) Zahlen zusammenzuzählen.

WUSSTEST DU DAS?
Die alten Ägypter schrieben mindestens schon seit 2500 v. Chr. auf Papyrus.

Im **Alten Rom** wurden die Kinder von ihren Lehrern oft zu Hause unterrichtet, oder auch in Läden oder sogar an Straßenecken. Kinder, die Politiker oder Anwälte werden wollten, mussten lernen, vor vielen Menschen Reden zu halten.

Die Kinder im **Alten China** erlernten die Lehren des Gelehrten Konfuzius. Um Staatsbeamte werden zu können, mussten sie eine Prüfung ablegen.

Der Lebombo-Knochen ist ein Zählstock mit 29 Kerben. Er ist der älteste Nachweis für das Rechnen und wurde in **Eswatini** (früher Swasiland) gefunden; er ist über 35 000 Jahre alt!

Jahrhundertelang wohnten die Kinder der höheren Kasten in **Indien** bei ihrem Guru (Lehrer). Von ihm lernten sie Religion, Heilkunde, Sternenkunde und Geschichte und mussten dafür in seinem Haushalt mitarbeiten.

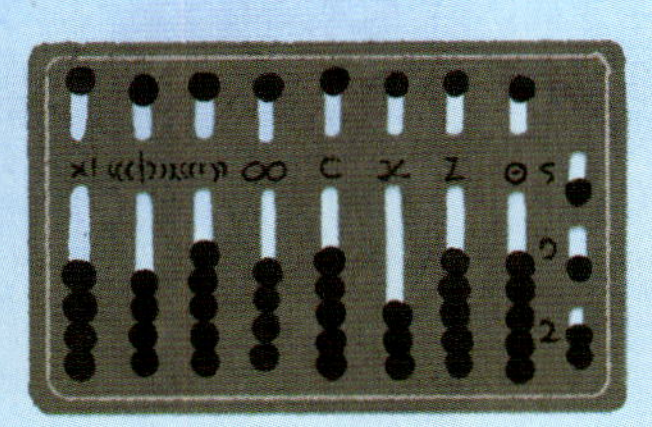

WUSSTEST DU DAS?

Der Abakus (ein Rechenbrett oder Rechenrahmen) hilft seit Tausenden Jahren, einfache Rechenaufgaben zu lösen.

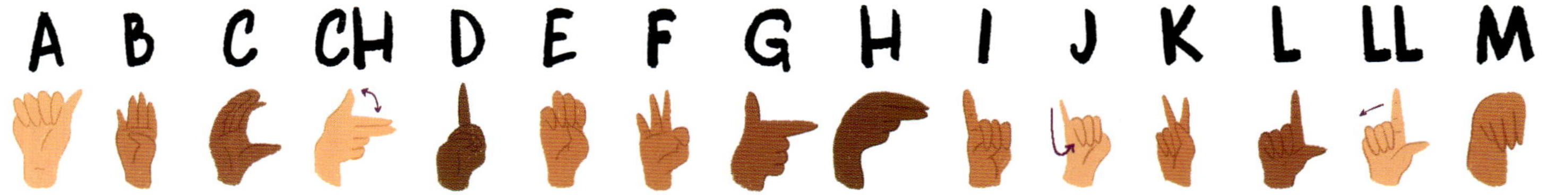

NICARAGUA: erfolgreiche Zeichen

Die nicaraguanische Zeichensprache ISN wurde vollständig von Kindern entwickelt! In den 1980er-Jahren wurde in Nicaragua eine Schule für gehörlose Kinder gegründet, in der die Kinder lernten, sich durch Lippenlesen und Fingerzeichen zu verständigen.

Und weil hier viele gehörlose Kinder zusammen sein durften, erfanden sie etwas ganz Neues und Besonderes …

Die Kinder benutzten ihre eigenen Zeichen, um sich zu Hause mit ihren Familien zu verständigen. Und wenn sie mit anderen gehörlosen Kindern zusammenkamen …

… brachten sie einander ihre Zeichen bei – und allmählich entwickelte sich daraus eine gemeinsame Sprache, in der sie sich miteinander verständigten … im Schulbus …

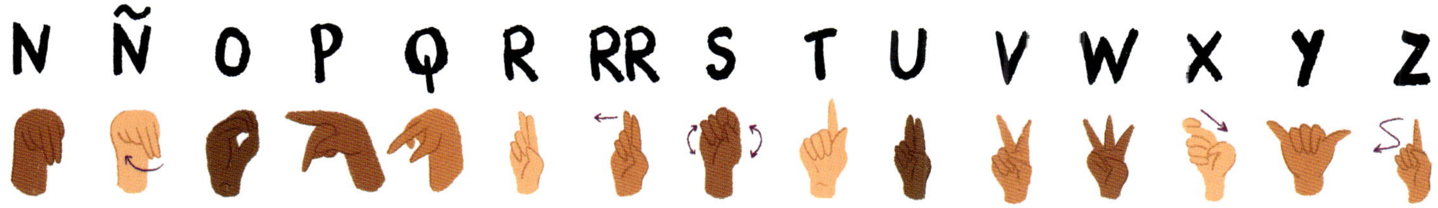

... im Klassenzimmer ...

... und auf dem Spielplatz.

Am Anfang konnten ihre Lehrer und Lehrerinnen die neue Sprache nicht verstehen. Aber die amerikanische Linguistin Judy Shepard erforschte die Sprache der Kinder und brachte ihnen bei, was die Kinder damit sagen wollten!

Bedrohte SPRACHEN

Heute werden auf der Welt noch über 7000 Sprachen gesprochen. Aber weil die Menschen aus aller Welt immer stärker miteinander verbunden werden, sind über 2500 Sprachen vom Aussterben bedroht. Einige wenige Sprachen werden heute von sehr vielen Menschen gesprochen und setzen sich immer stärker durch.

Das Volk der Taíno lebte auf den karibischen Inseln Jamaika, Haiti und Puerto Rico. Aus ihrer Sprache hat das Deutsche viele Wörter übernommen, zum Beispiel Tomate, Kanu, Banane, Tabak, Mais und Papaya.

Sag: „Hallo!"

Es gibt viele Sprachen, die nur von weniger als 1000 Menschen gesprochen werden. Bald werden sehr viele davon ausgestorben sein.

Potawatomi ist die Muttersprache von weniger als zehn Menschen, aber wie viele andere eingeborene Völker in Amerika kämpft auch das Volk der Potawatomi um den Erhalt seiner Sprache.

WUSSTEST DU DAS?

In der Potawatomi-Sprache gibt es unterschiedliche Worte für „hören“: eines, wenn du Vögel singen hörst, und ein anderes, wenn du ein Flugzeug hörst.

WUSSTEST DU DAS?

Rund ein Drittel aller Sprachen werden auf dem afrikanischen Kontinent gesprochen.

!Xóõ ist eine Klicksprache; sie wird von ungefähr 2500 Menschen in Botswana und Namibia gesprochen. !Xóõ hat 160 verschiedene Klick- oder Schnalzlaute, die mit 90 Konsonanten und 20 Vokalen zu Wörtern kombiniert werden.

Guugu Yimidhirr wird von nur ungefähr 200 Aborigines in Hopevale, nahe Cooktown im Norden von Queensland, Australien, gesprochen. Aus dieser Sprache stammt das Wort „Känguru“!

Viele Spiele aus
früheren Zeiten spielen
Kinder heute noch!

Kinder bei SPIEL und SPORT

SPIELZEUG

Vor 200 Jahren spielten Kinder in **England** mit einer Mini-Metzgerei, in der Spielzeug-Fleischstücke aufgehängt waren!

Mit Spindeln lernten **Wikinger**-Mädchen das Garnspinnen und mit Spielzeugbooten wurden die Jungen auf die Seefahrt vorbereitet.

Teddybären gibt es erst seit Anfang des 20. Jahrhunderts. Sie wurden nach dem US-Präsidenten Theodore Roosevelt benannt, der „Teddy" gerufen wurde.

Nach der **Französischen Revolution** gab es Spielzeug-Guillotinen zu kaufen. Damit konnte man prima Gemüse klein hacken!

Die Kinder im **Alten Ägypten** spielten mit Tierfiguren und Bällen aus Schilf.

In den 1950er-Jahren gab es in den **USA** einen Bastelkasten zu kaufen, in dem sich kleine Dosen mit echtem Uran befanden!

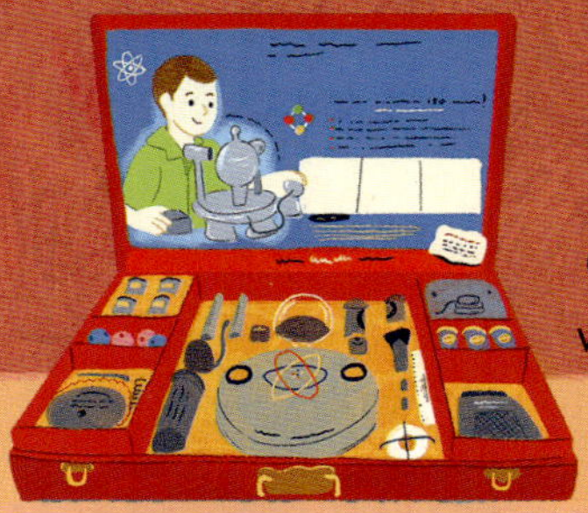

Glücklicherweise wurde der Verkauf nach einem Jahr eingestellt.

Bei den **alten Griechen** waren Spielsteine oder Würfel beliebt, die *Astragaloi* genannt wurden. Sie wurden aus den Knochen von Schafen oder Ziegen angefertigt.

Junge **Römer** spielten mit Holzschwertern und Spielzeug-Streitwägen.

Drachen lassen **chinesische** Kinder schon seit 3000 Jahren gern fliegen. Oftmals stellen sie Sagengestalten dar.

Das Steckenpferd wurde erstmals im 4. Jahrhundert v. Chr. als Lieblingsspielzeug des **Königs von Sparta** erwähnt.

Ein Besucher ertappte den König dabei, als der gerade sein Steckenpferd ritt. Spielen macht eben nicht nur Kindern Spaß!

Spaß mit der FAMILIE

In **nigerianischen** Familien ist das Geschichtenerzählen am Abend eine alte Tradition, die seit Jahrtausenden gepflegt wird.

Das Wellensurfen kennen Kinder auf **Hawaii** oder anderen Inseln in Polynesien schon seit Jahrtausenden.

Beim traditionellen **Paseo de Olla** ziehen kolumbianische Familien mit einem großen Topf zum Flussufer, wo sie gemeinsam einen kräftigen Fleischeintopf namens *sancocho* kochen.

Schach hat seinen Ursprung im Indien des 7. Jahrhunderts.

In Frankreich besiegte der erst achtjährige **Samuel Reschewski** im Jahr 1920 beim Simultanschach (also gleichzeitig) 20 erwachsene Schachmeister!

Die Ungarin **Judit Polgár** (geb. 1976) wurde 1991 schon mit 15 Jahren Schachgroßmeisterin. Damals war sie die jüngste Person, die diesen Titel erhalten hat.

Von 1907 bis 1953 gab es in Los Angeles die **Kalifornische Alligatorenfarm**. Die Besucher durften auf Alligatoren reiten, ihnen beim Fressen lebender Hühner oder sogar beim Kampf gegen Menschen zuschauen!

Im alten Ägypten wurde **Senet** gespielt, das ein bisschen wie das „Leiterspiel“ oder „Schlangen und Leitern“ funktioniert.

Schattentheater gab es im alten China schon vor über 2000 Jahren.

Jahrmärkte mit Schaustellern, Attraktionen und jeder Menge gutem Essen gibt es in Europa schon seit vielen Hundert Jahren.

SPORT und SPIEL

Die Maya und die Azteken spielten ein Ballspiel namens **Ulama**. Zwei Teams traten gegeneinander an und mussten versuchen, einen Ball durch einen Steinring zu bringen, ohne ihn mit Händen oder Füßen zu berühren.

Bei dem alten hawaiianischen Spiel **Ulu Maika** muss man eine Steinscheibe weiter rollen als der Gegner.

In der Anfangszeit wurde es mit unreifen Brotfrüchten statt mit Steinscheiben gespielt.

Vor 2000 Jahren wurde in China das Spiel **Cuju** (Kickball) gespielt, das als Vorläufer des Fußballspiels gilt.

Kho Kho ist ein altes indisches Fangen-Spiel, bei dem zwei Teams gegeneinander antreten.

Es ist eines der ältesten Freiluftspiele der Welt.

FESTE

Im mittelalterlichen **England** durfte ein Junge in der Zeit vom 6. bis zum 28. Dezember den Bischof spielen! Er durfte predigen, Prozessionen anführen und die Priester herumkommandieren.

Wurde im **alten Griechenland** ein Kind geboren, hängte man Olivenzweige über die Tür, wenn es ein Junge war ...

... und Wollgirlanden, wenn es ein Mädchen war.

Seit Jahrhunderten liefern sich **mongolische** Kinder beim **Naadam**-Festival ein Pferderennen.

Das spanische Fest **El Colacho** wird seit den 1620er-Jahren gefeiert. Dabei werden Babys auf die Straße gelegt, über die als Teufel verkleidete Menschen springen müssen. Damit wird der Triumph des Guten über das Böse symbolisiert.

Die **koreanische** Tradition des *doljanchi* (erster Geburtstag) geht bis auf das 18. Jahrhundert zurück. Es ist eine Art Wahrsagespiel, bei dem verschiedene Gegenstände vor das Kind gelegt werden. Mit dem, was es als Erstes in die Hand nimmt, sagt man seine Zukunft voraus.

Beim riesigen **Karneval** in **Rio de Janeiro** in Brasilien tragen Kinder bunte, glitzernde Kostüme und tanzen Samba. Der erste Karneval fand 1723 statt.

Die Völker der **Olmeken** und der **Maya** in Mittelamerika ernteten Kakaobohnen und machten daraus Schokogetränke. Sie wurden bei Hochzeiten und anderen großen Festen getrunken.

Und FEIERN

Beim **Anthesteria**, einem **altgriechischen** Fest, trugen die Kinder Blumenkränze und die größeren Jungen durften zum ersten Mal Wein trinken!

In **Deutschland** steckte man im 18. Jahrhundert erstmals Kerzen auf den Geburtstagskuchen. Sie mussten dann den ganzen Tag immer wieder durch neue Kerzen ersetzt werden, denn der Kuchen durfte erst nach dem Abendessen gegessen werden.

Licht ins DUNKEL

Historische Feiern zu Ehre

Halloween geht auf das uralte Fest **Samhain** zurück, bei dem die Kelten böse Geister mit großen Feuern und Kostümen abwehren wollten.

An **Halloween** schnitzen Kinder in den USA und Großbritannien Gesichter in Kürbislaternen. In Deutschland gab es früher den alten Brauch des **Rübengeisterns**.

In den Philippinen laufen Kinder beim Fest **Pangangaluluwa** als Gespenster verkleidet nachts durch die Straßen und beten für jeden, der ihnen Geschenke gibt.

Der Zyklopenmönch **Aobozu** hilft seit alten Zeiten mit, japanische Kinder nach der Schule nach Hause zu treiben. (Dem **Aobozu** willst du nach Sonnenuntergang bestimmt nicht begegnen!) Manchmal soll er auch plötzlich aus dem Klo springen und die Kinder erschrecken! Igitt!

Bonhomme Sept-Heures (Sieben-Uhr-Mann) ist ein französisch-kanadischer Butzemann, der Kinder stiehlt, die nicht rechtzeitig zu Bett gehen wollen.

des LEBENS bringen

der **Toten** oder der **Dunkelheit** ...

Das Fest **Dia de Los Muertos** (Tag der Toten) geht bis auf die Zeit der Azteken zurück. Die Familien ehren die Verstorbenen an ihren Gräbern mit gutem Essen, Grabschmuck und Musik.

Das nepalesische **Gai Jatra** (Kuh-Parade) stammt aus dem 17. Jahrhundert. Für jeden Verstorbenen wird eine Kuh durch die Straßen geführt – oder ein als Kuh verkleidetes Kind.

Mit der alten japanischen Festtradition **Setsubun** wird der Frühling gefeiert. Eltern verkleiden sich als Dämonen und werden von ihren Kindern mit Sojabohnen beworfen!

Bei den alten Griechen erzählten die Eltern ihren Kindern, das Monster **Mormo** würde sie beißen, wenn sie nicht brav sind! Aua!

Die fürchterliche **Jólakötter** (Weihnachtskatze) schleicht nachts in Island herum und verschlingt Kinder, die an Weihnachten keine neuen Kleider anzuziehen haben ... was doch sehr unfair ist, oder nicht?

Früher mussten auch kleine Kinder oft schon arbeiten.

Heute ist Kinderarbeit in vielen Ländern gesetzlich verboten. Dort dürfen Kinder noch Kinder sein!

Kinder bei der ARBEIT

KRIEGERINNEN und KAMINFEGER

In der früheren **Sowjetunion** (heute Russland und Nachbarstaaten) mussten Kinder an den Wochenenden und in den Ferien auf „Kolchosen“ (landwirtschaftliche Großbetriebe) arbeiten. Das wurde „Arbeitserziehung“ genannt.

In **Südäthiopien** fand man Hinweise, dass die Kinder unseres Urahns *Homo heidelbergensis* vor 200–600 000 Jahren ihren Eltern bei der Jagd helfen mussten.

Wer glaubt, dass früher nur Jungen in Kriegen mitkämpfen mussten, täuscht sich. Im 4. Jahrhundert führte in **China** ein Mädchen namens Xun Guan eine Streitmacht an, um die Stadt Wancheng von den Feinden zu befreien.

Im mittelalterlichen **Indien** mussten Kinder schon früh das Teppichknüpfen oder Seidenweben erlernen.

Eingeborene Kinder in **Brasilien** mussten im 16. Jahrhundert Honig oder Taubeneier sammeln, Vögel jagen oder sie von den Feldern verscheuchen.

Jahrhundertelang lernten die Jungen auf den **Polynesischen** Inseln, aus Baumstämmen Kanus zu schnitzen, mit denen man von Insel zu Insel fahren konnte.

Im 18. und 19. Jahrhundert mussten Kinder in Großstädten wie **London**, **Paris** oder **New York** schon mit fünf Jahren als „Kaminjungen" in die Kamine steigen.

Sie kletterten innen in den offenen Kaminen hoch und klopften Ruß und Asche herunter.

Weil die Kaminjungen mit ihren Kleidern in den engen Kaminen leicht stecken bleiben konnten, mussten sie manchmal nackt arbeiten.

STREIK DER ZE

In den USA arbeiteten im 19. Jahrhundert viele Jungen schon mit 7 Jahren als Zeitungsjungen und verkauften Zeitungen auf den Straßen (die sie vorher selbst in Bündeln kaufen mussten).

Sie machten dabei einen kleinen Gewinn (ein halber Cent pro Zeitung) und arbeiteten täglich von 4 Uhr morgens bis nach Mitternacht.

ITUNGSJUNGEN

Als sie 1899 genug davon hatten, von den Bossen der großen New Yorker Zeitungen ausgenutzt zu werden, gingen sie in Streik.

Als durch ihren Streik viel weniger Zeitungen verkauft wurden, wurde ihnen klar, wie viel Macht sie gemeinsam hatten!

Sie gründeten sogar eine Gewerkschaft und hielten Versammlungen ab, bei denen sie Änderungen forderten. Nach 2 Wochen wurde eine Verbesserung vereinbart.

Aus der Geschichte können wir viel lernen.
Kultur und Gewohnheiten ändern sich, je mehr wir lernen und wachsen. Die Geschichte hält uns dabei einen Spiegel vor.
Wie du in diesem Buch siehst, hatten Kinder im Lauf der Geschichte nicht alle die gleichen Möglichkeiten.

Kinder in aller WELT

UNTERWEGS

Am 1. Januar 1913 führte die US-Post den ersten **Paketdienst** ein.

Das hatte unerwartete Folgen.

Ein paar Wochen danach verschickte das Ehepaar Jesse und Mathilda Beagle aus Ohio ihren 8 Monate alten Sohn James per Paketpost an seine Großmutter, die ein paar Kilometer entfernt lebte.

James' Gewicht lag unter dem Pakethöchstgewicht. Sein Versand kostete nur 18 Cents – ein Schnäppchen!

Am 19. Februar 1914 wurde die 4-jährige Charlotte May Pierstorff an ihre Großeltern „verschickt“ ...

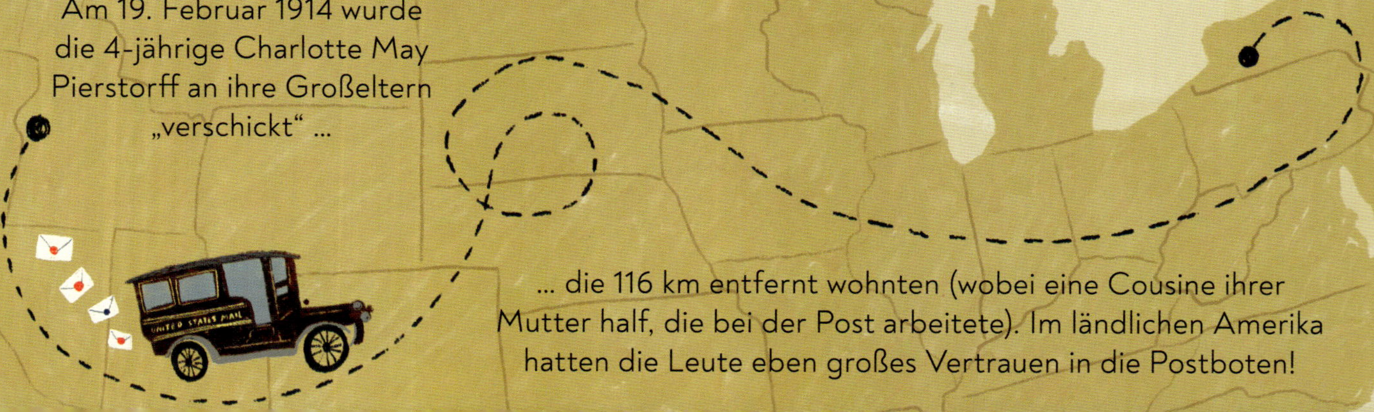

... die 116 km entfernt wohnten (wobei eine Cousine ihrer Mutter half, die bei der Post arbeitete). Im ländlichen Amerika hatten die Leute eben großes Vertrauen in die Postboten!

Um 1850 wurden auf der Insel Madeira zum ersten Mal **Korbschlittenfahrten** veranstaltet. In Weidenkörben mit Kufen konnte man von Monte nach Funchal fahren.

Die wilde Korbschlittenfahrt konnte bis zu 48 Stundenkilometer schnell werden!

Mit dem **Umiak** konnten Eskimo-Familien seit 1000 v. Chr. auf dem Meer fahren, bis es vom Motorboot verdrängt wurde. Der Umiak bestand aus Robbenfell, das über Walknochen oder Treibholz gespannt wurde.

WUSSTEST DU ...
dass der afroamerikanische Polarforscher **Matthew Henson** 1909 der erste Mann am Nordpol war? Er begann seine Abenteuer mit grade mal 12 Jahren als verwaister Schiffsjunge.

Kinder auf dem THRON

Tutanchamun war erst 9 Jahre alt, als er Pharao im alten Ägypten wurde.

Im Jahre 1908 wurde **Puyi** der letzte Kaiser Chinas.

Der Zweijährige wurde von seinem Papa zum Thron getragen. Sein Geschrei lässt vermuten, dass er keine Lust hatte, Kaiser zu werden!

Sobhuza II. wurde mit 4 Monaten Herrscher von Swasiland (heute: Eswatini).

Nach der Unabhängigkeit Swasilands von Großbritannien regierte er als König.

Mary war erst 6 Tage alt, als sie **Königin von Schottland** wurde!

Und **Schapur II.** soll im Jahre 309 zum Großkönig gekrönt worden sein, bevor er überhaupt geboren war!

Er regierte das mächtige persische Reich 70 Jahre lang.

Der 3-jährige **Oyo Nyimba** wurde 1995 der jüngste Monarch der neueren Geschichte.

Während der Krönungszeremonie rutschte er vom Thron und verkroch sich auf dem Schoß der Mutter. Heute regiert er sein Toro-Königreich in Uganda viel selbstbewusster.

BESONDERE KINDER

Die 16-jährige Shoshonin **Sacajawea** half 1804–1806 den Forschern Lewis und Clark bei ihrer Überlandexpedition in den Westen Nordamerikas.

Mit ihrem Wissen über Heilpflanzen und Jagd sorgte sie dafür, dass die Expedition erfolgreich endete.

Wolfgang Amadeus Mozart komponierte schon mit 5 Jahren Musikstücke. Und mit 6 Jahren hatte er schon an zwei Königshöfen gespielt!

Der 11-jährige **Frank Epperson** ließ 1905 ein wenig süße Limonade mit einem Rührstab über Nacht draußen stehen.

Am nächsten Morgen war die Limonade rund um den Stab gefroren: das erste „Eis am Stil"!

Viele Jahre später gab es „Eis am Stiel" überall auf der Welt zu kaufen!

Mit 12 Jahren hatte **Louis Braille** die Idee, ein System zu erfinden, mit dem Blinde lesen und schreiben konnten. Bis er 15 war, hatte er ein ganzes Alphabet entwickelt, das aus ertastbaren Punkten besteht.

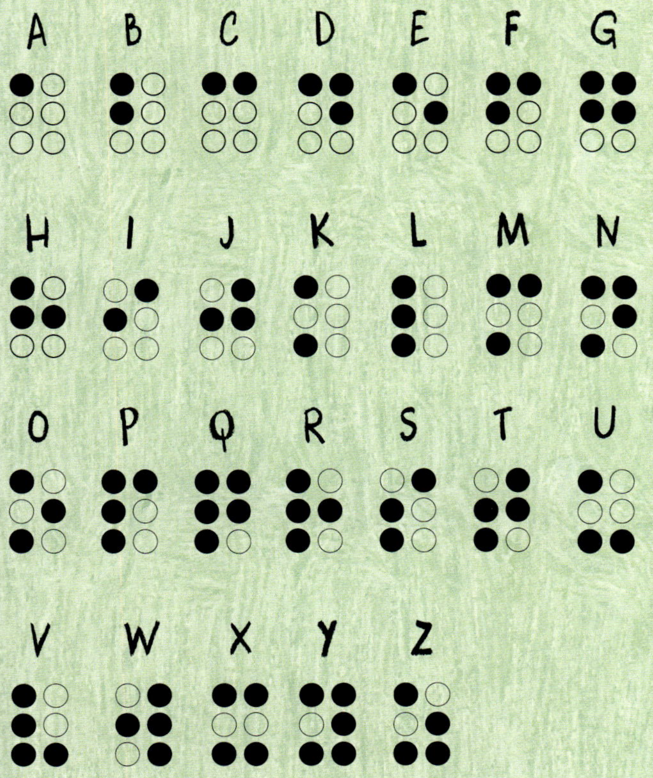

Kannst du deinen Namen in Brailleschrift schreiben?

Kim Ung-Yong wurde 1962 in Korea geboren. Mit einem IQ von 210 wurde er berühmt. Mit 8 Jahren begann er Kernphysik zu studieren und arbeitete dann für die NASA.

Doch mit 18 Jahren kehrte er nach Korea zurück, um sich seinen Lebenstraum zu erfüllen: ein stilles, zufriedenes Leben.

Die mexikanische Künstlerin **Frida Kahlo** erkrankte früh an Kinderlähmung. Später wurde sie bei einem Schulbusunglück schwer verletzt.

Während ihrer Genesung begann sie zu malen und wurde eine berühmte Malerin.

1997 wurde **Nkosi Johnson** in Südafrika vom Schulbesuch ausgeschlossen, weil er AIDS hatte.

Seine Mutter rief eine Kampagne für Gleichheit ins Leben und sorgte damit für eine Gesetzänderung. Im Jahr 2000 hielt Nkosi bei der Internationalen AIDS-Konferenz vor 12 000 Zuhörern eine Rede, durch die sich die Haltung der Menschen zu der Krankheit auf der ganzen Welt veränderte.

Mit 14 Jahren errang die rumänische Kunstturnerin **Nadia Comăneci** die erste ihrer fünf Olympia-Goldmedaillen. Außerdem gewann sie noch dreimal Silber und einmal Bronze.

Mit 13 Jahren fing **Anne Frank** an, ein Tagebuch zu führen. Sie beschrieb darin, wie sie sich während des Zweiten Weltkriegs versteckt halten musste.

Iqbal Masih, 1983 in Pakistan geboren, entfloh seinem Leben als Kindarbeiter und wurde Aktivist für das Recht der Kinder auf Freiheit und Bildung.

Er half über 3000 pakistanischen Kindern, aus der Zwangsarbeit zu entkommen.

Sie war die erste Kunstturnerin, an die die Höchstnote 10 vergeben wurde.

Erwachsen werden

Etwa mit 11 Jahren dürfen Jungen auf der **Baffin Island** zum ersten Mal gemeinsam mit ihren Vätern in der arktischen Wildnis auf die Jagd gehen. Das ist traditionell das Zeichen, dass sie jetzt erwachsen sind.

Mit dem uralten **hinduistischen** Ritual Kala Samskara werden Mädchen in **Indien** erwachsen.

Sie bekommen Geschenke von Familie und Freunden und dürfen nun zum ersten Mal einen „Halb-Sari“ tragen.

Wenn **Inka**-Kinder erwachsen wurden, erhielten sie neue Namen, die ihre Persönlichkeit beschrieben, zum Beispiel „Jaguar“ oder „Stern“.

Die **Sonnenaufgangszeremonie** ist eine alte Tradition der Apachen. Mit 4-tägigem Singen, Essen und Tanzen wird der Übergang eines Mädchens zur Erwachsenen gefeiert.

Die **japanische** Übergangsfeier **Genpuku** geht bis auf das 8. Jahrhundert zurück. Dabei erhalten die Söhne der Samurai-Krieger ihren ersten Helm, eine Rüstung und ein Schwert, als Zeichen, dass sie nun Erwachsene sind.

Was glaubst du: Wann wird ein Kind zum Erwachsenen? Wie würdest du das gern feiern?

Mädchen im **alten Rom** konnten ihre Puppen der Göttin Diana opfern, der Beschützerin der Frauen und Mädchen. Das war ein Zeichen, dass sie erwachsen wurden.

Auf der Pfingstinsel, die zum Inselstaat **Vanuatu** gehört, ist das Lianenspringen **Naghol** eine uralte Übergangstradition für 7-jährige Jungen.

Die Jungen springen von einem 30 Meter hohen Holzturm, nur mit einer Liane gesichert. Der Sprung ist nichts für Hasenherzen! Bitte nicht nachmachen!

Ein **Maasai**-Junge wurde traditionell mit 14 Jahren zum Krieger („Moran") und lebte im Busch, wo er Stammestraditionen erlernte und Stärke, Mut und Ausdauer trainieren konnte.

Die traditionelle Übergangsfeier für Mädchen des **Tikuna**-Stammes am Amazonas wird **Pelazón** genannt. Sie leben eine Zeitlang nur mit den Frauen der Familie zusammen und erlernen dabei Musik, Religion und Stammesgeschichte.

Und was würdest du gerne tun, wenn du groß bist?

Wir alle sind Kinder dieser Welt ...

UNITED STATES MAIL